Franziskus, der Klabautermann

Franziskus der Klabautermann

Ein Meeresmärchen
von Helga Talke

Illustrationen
von Erdmut Oelschlaeger

Verlag Junge Welt
Berlin

Der berühmte Detektiv Waldemar Sturzwelle saß am Morgen des 21. Juli im Jahr 2051 am Kaffeetisch und blätterte in seiner Zeitung, den «Neusten Nachrichten vom blauen Kontinent».

Auf der zweiten Seite las er mit großem Interesse von einem EISBERG AUF REISEN:

«Gestern trat ein riesiger Süßwassereisberg seine Reise über den Ozean an. Siebzehn Schlepper ziehen den Koloß von der Küste des eisbedeckten antarktischen Kontinents zum Roten Meer. Dort wird das abtauende salzfreie Wasser die neu angelegten Gemüsefelder und Obstplantagen in ehemaligen Wüstengebieten bewässern.»

Anschließend überflog Waldemar den folgenden Artikel über HERVORRAGENDE ERGEBNISSE DER MEERESFARMEN:

«Im vergangenen Jahr ernteten die Agronomen wieder 150 Tonnen Grünmasse je Hektar von den Tangäckern, die an den Meeresküsten angelegt wurden. Das Tangkonzentrat wird dem Brot, dem Käse und der Wurst zugesetzt. Der Hauptanteil der Ernte wird jedoch als Viehfutter, Rohstoff für Arzneimittel, für die Textilindustrie und zur Erzeugung von Erdgas genutzt. Auch die Meeresviehwirtschaft wurde erweitert. An den Küsten wurden neue Muschelfelder, Garnelenaufzuchtanstalten, Tintenfisch-, Seegurken- und Seeigelfarmen angelegt.»

Da klingelte es an der Wohnungstür.

Der Detektiv öffnete. Kommissar Patty drängte sich aufgeregt an ihm vorbei in die Wohnung. Ächzend sank er in einen Sessel und tupfte sich mit einem Taschentuch den Schweiß von der Stirn.

«Es ist etwas Furchtbares geschehen», stieß er hervor.

Waldemar goß Wasser in ein Glas und reichte es Patty. «Nun beruhige dich doch erst einmal.»

Patty trank. «Es ist unheimlich. Stell dir vor, den Fischen in unseren Farmen wachsen Bärte.»

«Machst du dich über mich lustig?»

«Nein, es stimmt», beteuerte Patty. «Den Lachsen wachsen Schnauzbärte. Die Schollen bekommen Backenbärte und die Forellen lange Rauschebärte. Zuerst dachten wir, daß sie krank sind. Aber die Tierärzte konnten nichts feststellen. Die Fische fressen, schwimmen und atmen wie gesunde Tiere. Wir haben drei Forellen rasiert, aber ihre Bärte sind sofort wieder nachgewachsen.»

«Das ist die merkwürdigste Geschichte, die ich in meinem Leben gehört habe.» Der Detektiv schüttelte den Kopf.

«Es ist eine Katastrophe», rief Patty. «Kein Mensch wagt mehr, Fisch zu essen. Alle haben Angst. Es werden bereits die unwahrscheinlichsten Gerüchte verbreitet. Einem Lehrer sind angeblich Brustflossen gewachsen, nachdem er gebratene Fischklößchen gegessen hatte. Von einem kleinen Mädchen wird behauptet, es hätte Kiemen bekommen.»

«Und was geschieht nun tatsächlich, wenn man diese bärtigen Fische ißt?»

Patty zuckte die Schultern. «Wir wissen es nicht. Bisher hat niemand gewagt, davon zu kosten.»

«Du hast recht, es ist wirklich eine Katastrophe», sagte der Detektiv. «Wenn uns die Nahrung aus dem Meer nicht mehr zur Verfügung steht, werden die Menschen wieder hungern.»

«So wird es kommen.» Patty stöhnte.

«Trotzdem verstehe ich nicht, weshalb du dich an mich wendest», sagte Waldemar. «Diese Erscheinung muß von Viehzüchtern und Ärzten untersucht werden.»

«Ich komme zu dir, weil ich vermute, daß ein Verbrecher daran Schuld ist, daß den Fischen Haare wachsen», antwortete Kommissar Patty.

Er zog einen Papierbogen aus der Tasche und gab ihn Waldemar. Auf dem Zettel waren ausgeschnittene Zeitungsbuchstaben nebeneinander zu Wörtern aufgeklebt.
Da stand:

«Was soll denn das bedeuten?» fragte Waldemar verblüfft.

«Jemand will, daß wir keine Fische mehr essen. Aber wer und warum, das mußt du herausfinden. Du bist für den blauen Kontinent zuständig.» Patty sah Waldemar bittend an.

«Gut, ich versuche es», sagte der Detektiv.

Erleichtert atmete Patty auf. «Ich wußte, du würdest uns nicht im Stich lassen. Von diesem Brief darf natürlich niemand etwas erfahren. Die Panik würde noch größer werden.»

Er gab Waldemar ein zigarettenschachtelgroßes Sprechfunkgerät. «Melde dich sofort, wenn du etwas entdeckt hast. Jede Leitstelle, die deinen Ruf empfängt, wird ihn sofort an mich weitergeben.»

Waldemar steckte das Sprechfunkgerät in seine wasserdichte Umhängetasche und verließ mit Patty die Wohnung.

Er fuhr mit dem unterirdischen Rohrzug an die Westküste des Kontinents und ließ sich von einem Lufttaxi an den Eingang zur Regenbogenforellenfarm fliegen.

Diese mustergültig geführte Farm durfte seit kurzem von Touristen und Schulklassen besichtigt werden. Am Rande einer Klippe stand die Ausleihstation für Taucherausrüstungen.

Waldemar lieh sich eine Atemmaske, Schwimmflossen und einen Scooter. Vom Steg aus glitt er in das Meer, schaltete den batteriegetriebenen Scooter ein und ließ sich von ihm in fünf Meter Tiefe über eine dunkelgrüne Seegraswiese ziehen.

Vor dem Eingang zur Bucht, in der die Regenbogenforellen gehalten wurden, lag schon seit vielen Jahren ein Schiffswrack. In der gut erhaltenen Küche wohnte der Klabautermann Franziskus. In seiner Jugend hatte der kleine Kobold auf großen Schiffen alle Meere der Welt bereist. Er neckte die Seeleute, hängte die Hosen des Kapitäns hoch oben im Mast auf und warf den Matrosen lebende Quallen in die Rumgläser. Wenn aber ein Sturm ausbrach, half er den Mannschaften. Er entwirrte die Taue und achtete darauf, daß nachts die Positionslampen nicht erloschen. Wie alle Klabautermänner blieb er stets unsichtbar. Nur wenn Gefahr drohte, zeigte er sich auf den Mastspitzen, um die Mannschaft zu warnen.

Jetzt hatte sich Franziskus zur Ruhe gesetzt und lebte für alle sichtbar in dem Schiffswrack. Er las Seemannsgeschichten und kochte. Einmal in der Woche lud er die Klabautermänner aus allen Winkeln der Meere zu einem Festmahl. Seine Kochkünste waren berühmt. Kein anderer konnte den Tintenfisch so zart braten, daß er auf der Zunge zerging. Nach dem Essen tranken die Gäste stets ein Glas Seehundgrog, von Franziskus selbst zubereitet. Dabei unterhielten sie sich über alles, was in der Welt passierte. So erfuhr er stets die interessantesten Neuigkeiten.

Mit Menschen hatte Fanziskus nicht viel im Sinn. Nur Waldemar Sturzwelle durfte ihn in seiner mit Atemluft gefüllten Küche besuchen. Vor vielen Jahren hatte er dem

Klabautermann einmal das Leben gerettet. Der kleine Kobold war beim Baden von einem Haifisch angefallen worden. Zufällig kam Waldemar mit seinem Boot vorbei. Er tötete den Hai mit einer Harpune, holte den verletzten Franziskus an Bord und pflegte ihn wieder gesund.

Seitdem verband sie eine enge Freundschaft.

Jedesmal, wenn Waldemar einen besonders schwierigen Fall lösen mußte, besuchte er zuerst den Klabautermann und erkundigte sich, ob Franziskus etwas darüber wußte.

Gewöhnlich war die Luke auf dem Oberdeck des Wracks geöffnet, heute aber war sie fest verschlossen. Verwundert schwamm Waldemar um das Wrack herum. An den rostigen Seitenwänden wuchsen Muscheln und Algen. In der Wand des Vorratsraums entdeckte er ein Loch. Jemand hatte hier vor kurzem ein Stück herausgesägt. Waldemar zwängte sich durch das Loch, schwamm zur Luke, über der die Küche lag, und klopfte.

Die Luke wurde aufgerissen. Waldemar schaute hinein und bekam einen heftigen Schlag mit einem Nudelholz auf den Kopf.

Er riß die Tauchermaske ab. «Bist du verrückt geworden!» rief er empört.

Der Klabautermann zupfte verlegen an seinem struppigen Bart.

«Ich wußte doch nicht, daß du es bist», sagte er. «Ich dachte, es wäre schon wieder einer von den Besuchern, die hier vorbeikommen, um die Musterfarm in der Bucht zu besichtigen.»

«Was hast du gegen die Leute?» fragte Waldemar und rieb sich die anschwellende Beule auf seinem Kopf.

«Ich hasse dieses Pack», schrie der Klabautermann. Er verriegelte die Luke und schlurfte zurück zum Tisch, auf dem ein Teller mit Mittagessen stand.

Waldemar schnupperte. Es duftete nach frischem, mit Käse überbackenem Muschelsalat.

Auf dem Herd stand noch eine halbgefüllte Schüssel. Aber Franziskus dachte nicht daran, seinen Freund zum Essen einzuladen.

Mit vollem Mund schimpfte er: «Die Leute, die neuerdings hierherkommen dürfen, sind aufdringlich und rücksichtslos. Sie klopfen bei mir an und verlangen Autogramme und Fotos. Sie beobachten

mich durch das Bullauge und stellen dumme Fragen. Einer wollte doch tatsächlich wissen, ob ich mich täglich mit Fischtran einreibe und mir die Haare mit Tintenfisch hellblau färbe. Am unverschämtesten sind die Andenkenjäger. Sie haben meinen handgeschmiedeten Türklopfer abgeschraubt und den Anker gestohlen. Sie polken die Muscheln von den Schiffswänden und sägen Eisenstücke aus dem Rumpf.»

«Stell doch ein Verbotsschild auf», riet Waldemar.

Der Klabautermann lachte höhnisch. «Mein Verbotsschild haben sie zuerst weggeschleppt.»

«Dann suche dir ein anderes Wrack», schlug Waldemar vor.

Aber Franziskus sagte wütend: «Ich denke nicht daran. Ich habe mir meine Küche gerade neu möbliert. Ich habe die Wände mit Holz verkleidet und mir ein Bad eingebaut. Ich ziehe hier nicht aus. Ich war zuerst hier und lasse mich nicht vertreiben.»

«Wie du meinst», sagte Waldemar. «Ich wollte von dir nur wissen, ob du etwas über die rätselhafte Veränderung der Fische in den Farmen gehört hast.»

«Ich habe keine Ahnung, wovon du sprichst», murmelte Franziskus.

«Ja, hat dir denn Hugo, der Fischfarmer dieser Regenbogenforellenfarm, nichts gesagt?»

«Mit Hugo rede ich nicht mehr. Ich kann ihn nicht leiden. Er lädt ja diese Besucher immerfort in seine Farm ein. Ich rede überhaupt mit niemandem. Ich will meine Ruhe haben. Du störst mich auch. Was habt ihr Menschen eigentlich bei uns im Meer zu suchen?»

«Du weißt genau, daß wir ein Viertel unseres Fleischbedarfs durch die Meeresviehzucht decken, seit es uns gelungen ist, die Meere sauberzuhalten, und seit wir sie bewirtschaften können.»

«Aber ihr gewinnt doch ständig neue Ackerflächen auf dem Festland. Ihr erhöht die Fruchtbarkeit des Bodens und züchtet neue, ertragreichere Tierrassen und Pflanzensorten», sagte Franziskus störrisch.

«Es leben jetzt aber auch doppelt so viele Menschen auf der Erde wie vor siebzig Jahren. Und keiner soll mehr hungern.»

Einen Moment schwieg der Klabautermann nachdenklich.

«Verschwinde», sagte er dann. «Ich will jetzt Mittagsschlaf halten.»

Waldemar verließ beleidigt das Wrack. Diesen unfreundlichen Kerl besuche ich nie wieder, dachte er. Ich löse meine Fälle auch ohne seinen Rat.

Er ließ sich vom Scooter zum Fischgehege ziehen. Ein Luftblasenvorhang trennte die Farm vom offenen Meer. Die Fische mieden die vom Meeresgrund aufsteigenden Luftblasen wie einen Zaun.

Waldemar tauchte hindurch und sah sich um. Die Forellen schwammen neugierig an ihn heran und beobachteten ihn aus starren Fischaugen. Gewandt bewegten sie ihre kräftigen Körper in der leichten Strömung. Jedes Tier trug einen Bart. Waldemar sah lange und kurze, rote, schwarze, sogar graue, verfilzte, strähnige und gelockte Bärte. Kein Tier war bartlos. Der Körper der Forellen war nicht verändert. Ihre Schuppen waren graubraun, und an ihren Seiten schillerten rosige Streifen.

Verblüfft beobachtete der Detektiv die Tiere einige Minuten. Dann besann er sich und begab sich in den Bungalow in der Mitte der Bucht. Dort wohnte der Fischfarmer Hugo Blasentang. Sein Bungalow war von einem gepflegten schwimmenden Garten umgeben, in dem Rosen und Dahlien blühten.

Hugo Blasentang saß auf einer Bank. «Ich weiß, du kommst wegen meiner Fische», sagte er bedrückt. «Du mußt mir glauben, ich kann nichts dafür.»

Waldemar ließ sich neben ihm nieder. «Kannst du dir denken, wie das geschehen ist?»

«Ich weiß es nicht», sagte Hugo. «Es ist furchtbar. Seit zwanzig Jahren habe ich hier an der Ostküste von allen Farmen die höchste

Ernte. Darum wurde meine Farm ja auch zur Musterfarm ernannt, und viele Leute kommen von weit her, um sie zu besichtigen. Das ist nun vorbei.»

«Hast du das Futter untersucht?»

«Natürlich. Der Computer überwacht zwar regelmäßig die Futterzusammensetzung, trotzdem habe ich es im Labor noch einmal überprüft. Das Futter enthält die vorgeschriebene Eiweißmenge und den richtigen Anteil Tangkonzentrat.»

«Hast du sonst etwas Ungewöhnliches bemerkt?»

«Nein, die Wassertemperatur ist unverändert. Das Wasser ist sau-

ber. Es enthält kein Öl, keine Krankheitskeime und keine schädlichen Chemikalien. Auch Sauerstoff ist reichlich vorhanden.»

«Fressen die Fische?»

Hugo sah auf seine Uhr. «In wenigen Minuten beginnt die Fütterung. Sieh es dir selbst an.»

Sie legten ihre Taucherausrüstungen an und schwammen zu den Futteranlagen. Ein Signal ertönte. Sofort kamen von allen Seiten Forellen herbei. Gierig schnappten sie nach den Futterbrocken, die ein Apparat ausspie.

Eine Weile beobachteten Hugo und Waldemar die fressenden Fische. Der Appetit der Tiere war offensichtlich ausgezeichnet.

Da sie sonst nichts Ungewöhnliches entdecken konnten, schwammen sie zum Festland hinüber. Dort lagen die künstlichen Teiche, in denen die jungen Regenbogenforellen aufgezogen wurden, und das Becken mit den Zuchtweibchen.

Nur die schönsten und kräftigsten Tiere wurden zur Zucht ausgewählt. Waldemar und Hugo traten an den Beckenrand und schauten hinein. Die Forellenweibchen bewegten sich elegant in dem klaren Wasser. An ihren Mäulern hingen apfelsinenfarbene, pflaumenblaue, himmbeerrote und quittegelbe Bärte.

Hugo stöhnte. «Morgen wollte ich ihnen den Laich abnehmen. Aber das hat ja nun keinen Sinn mehr.»

«Warum laßt ihr eigentlich die Weibchen nicht gleich in der Bucht laichen?»

«Dann würden von den etwa 10000 Eiern, die ein Weibchen ablegt, nur etwa hundert kleine Fische heranwachsen. Die anderen Eier und Fischlarven würden von den großen Fischen gefressen werden. So brüten wir die Eier in Brutapparaten aus und ziehen die Larven in besonderen Becken auf. Die jungen Fische sind noch sehr empfindlich. Sie brauchen erwärmtes Wasser und spezielles Futter.

Dort drüben liegen die Becken mit den Jungfischen. Wir nennen sie ‹Krabbelstuben›.

Weil wir die Jungfische pflegen, ziehen wir von einem Weibchen nicht hundert, sondern mehr als siebentausend Nachkommen auf.»

Waldemar nickte anerkennend. «Sind den Jungfischen auch Bärte gewachsen?» fragte er.

«Ich habe noch nicht nachgesehen.» Hugo seufzte. «Komm, wir gehen mal hinüber.»

Sie beugten sich über den Rand des Beckens, in dem kleine fingerlange Forellen durcheinanderquirlten. Alle hatten dünne Bartfusseln an ihren Mäulern. In wenigen Wochen würden sie richtige Bärte haben.

Das Telefon im Wärterhäuschen neben dem Becken klingelte. Hugo meldete sich. «Ich fahre sofort los», sagte er.

Er wandte sich an Waldemar. «Auf dem Meer zieht ein Heringsschwarm vorbei. Er wird von dressierten Delphinen bewacht. Ich muß hinausfahren und die Delphine füttern.»

«Ich habe schon oft von den ‹Heringshunden› gehört», sagte Waldemar. «Aber ich habe noch nie gesehen, wie sie einem Menschen aus der Hand fressen.»

«Dann komm mit. Sieh es dir an», schlug Hugo vor.

Waldemar war sofort einverstanden. Sie trugen gemeinsam die Säcke mit dem Futter in das kleine Schnellboot, das am Landesteg bereitlag, und verließen in rascher Fahrt die Bucht. Das Ufer wich zurück. Die Wellen trugen kleine Schaumkronen.

Nach einer halben Stunde hatten sie die angegebene Position erreicht.

Hugo gab ein Signal. Sofort tauchten zwei Delphine auf und schwammen auf sie zu. Übermütig sprangen sie über die Wellenkämme. Dabei pfiffen sie wie Mäuse.

«Sie tragen kleine Sender auf dem Rücken, die jedesmal beim Auftauchen ein Funksignal geben. So wissen wir, wo sich die Heringsschwärme mit unseren treuen Helfern befinden, und können die Delphine füttern. Sie beschützen die ihnen anvertrauten Fischschwärme vor Räubern und treiben sie zu guten Futterplätzen.»

Die beiden Delphine tanzten aufgeregt mit wirbelnder Schwanzflosse um das Boot.

«Das sind Namu und Flaps», sagte Hugo. Er kannte fast alle ‹Heringshunde›.

Namu schnatterte freudig. Hugo kraulte ihm die Nase. Flaps hielt Waldemar die Brustflosse entgegen.

«Er will dir Pfötchen geben», erklärte Hugo.

Plötzlich stöhnte er auf und starrte fassungslos die beiden Delphine an. «Sieh doch», rief er.

«Ja, sie haben Wimpern. Dieser merkwürdige Haarwuchs tritt also nicht nur in unseren Fischgehegen auf, sondern auch bei den wild im Meer lebenden Tieren.»

Mit finsterem Gesicht warf Hugo den Delphinen die brötchengroßen Futterstücke zu. Namu und Flaps fingen die Brocken geschickt auf und verschlangen sie gierig. Das Futter bestand aus winzigen gepreßten Krillkrebsen. Krill war die Lieblingsspeise der Delphine.

Ich muß sofort überprüfen, ob die Muscheln, Seegurken, Seeigel und Garnelen auch befallen sind, dachte Waldemar.

Er verstaute die leeren Futtersäcke, während Hugo den Motor anwerfen wollte.

Vergeblich! Der Motor sprang nicht an.

«Du hast sicher vergessen zu tanken», sagte Waldemar ärgerlich.

«Ich tanke immer, bevor ich hinausfahre.» Hugo schraubte den Tank auf und sah hinein.

«Verflucht!» Er tauchte den Zeigefinger in die Flüssigkeit und roch daran. «Das ist Kakao!» rief er entsetzt.

«Unsinn!» sagte Waldemar und trat näher.

Hugo hatte recht. Der Tank war mit Kakao gefüllt.

«Mir wird unheimlich», flüsterte Hugo entsetzt. Er sah sich ängstlich um. Auch Waldemar war beunruhigt. Aber auf dem Meer war weit und breit nichts zu sehen. Nur eine Möwe flog kreischend über die Schaumkronen der Wellen.

Während wir uns mit den Delphinen beschäftigt haben, ist jemand in das Boot gestiegen und hat das Benzin gegen Kakao vertauscht, dachte Waldemar. Dieser geheimnisvolle Unbekannte will nicht, daß ich zum Festland zurückfahre. Er will mich von meinen Untersuchungen abhalten. Ob er annimmt, daß ich schon eine Spur gefunden habe?

Er nahm das Sprechfunkgerät aus der Tasche und rief: «Hier Wasserfloh, hier Wasserfloh. Ich rufe Seepferd, Seepferd, bitte melden!»

«Quak, quak», tönte es aus dem Lautsprecher.

Verwundert schüttelte Waldemar das Gerät und wiederholte seinen Ruf.

«Kikeriki!» krähte es aus dem Lautsprecher. Dann sagte eine Stimme drohend: «Hör sofort auf, im Meer herumzuschnüffeln.

Sonst hetze ich einen von den ungeheuer gefräßigen Barrakudafischen auf dich.»

Verstört schaltete Waldemar das Gerät aus.

Der Verbrecher will mich einschüchtern. Er bedroht mich. Wer kann nur daran interessiert sein, daß wir Menschen keinen Fisch mehr essen?

Hugo holte die Winkflaggen aus der Kiste am Heck und signalisierte einem vorbeifahrenden Urlauberschiff.

– ICH BIN IN NOT UND BENÖTIGE HILFE –

Das Schiff drehte bei. Sie bekamen Benzin und fuhren rasch in die Bucht zurück.

Während der ganzen Fahrt sprach Hugo kein Wort mehr. Sie legten am Bungalow an. Hugo kroch in sein Bett und zog sich die Decke über den Kopf.

Waldemar beschloß, unverzüglich eine Muschelfarm, in der Austern gezüchtet wurden, zu besichtigen.

Er ließ sich von einem Hubschrauber an die Südküste des Kontinents fliegen. Schon vom Ufer aus sah man die Flöße, von denen die mit Austern bewachsenen Schnüre in das Meer hinabhingen.

Waldemar legte das Tauchgerät an, schaltete den Scooter ein und ließ sich durch die schmalen Gänge zwischen den Flößen ziehen.

Die Muschelschnüre reichten nicht bis auf den Meeresboden, damit die räuberischen Seesterne die Austern nicht erreichen und fressen konnten.

Waldemar schaltete den Scooter aus, nahm eine Muschelschnur in die Hand und betrachtete sie.

Unglaublich! Die Kalkschalen der Muscheln waren mit dichtem Pelz bewachsen. Einige Tiere hatten einen flauschigen Teddybärenpelz. Andere waren mit schwarzen Locken bedeckt. Eine Auster trug rote Borsten.

Die Austern schienen aber trotzdem völlig gesund zu sein. Ihr Appetit ließ nichts zu wünschen übrig. Sie filterten aus dem Atemwasser die darin treibenden Algen und winzigen Lebewesen.

Vermutlich sind alle Meerestiere behaart, dachte Waldemar. Ich werde sofort noch die Farm, in der Seeigel, Seegurken und Tintenfische gehalten werden, aufsuchen, um mich davon zu überzeugen. Er ließ sich von seinem Scooter an der Küste entlang bis zu der Farm ziehen. Hier wurden Seeigel, Seegurken und Tintenfische in Netzkäfigen oder umzäunten Gehegen gehalten.

Der Farmer hatte ein Unterwasserzelt vor der Farm aufgestellt. Dort hielt er sich in den Arbeitspausen auf. Das Zelt war mit vier großen Steinen beschwert und fest am Meeresboden verankert. Es war wie alle Unterwasserwohnräume mit Luft gefüllt, so daß man sich ohne Atemgerät darin aufhalten konnte. Waldemar betrat das Zelt durch die Öffnung am Fußboden.

Der Farmer war nicht da. Seine kleine Tochter saß am Tisch und malte.

«Wo ist dein Vater?»

«Er holt einen Tierarzt», sagte die Kleine. «Er glaubt, daß unsere Tiere krank sind. Das stimmt aber nicht. Sie fressen wie immer und können nicht genug kriegen. Sie haben sich nur gestern etwas hübsch gemacht.

«Wie sehen sie denn jetzt aus?»

«Die Tintenfische haben sich auf dem Kopf eine große abstehende Locke wachsen lassen, eine richtige Tolle. Bei manchen ist sie rot, andere haben eine schwarze oder blaue oder grüne Locke. Mir gefallen sie damit sehr gut.»

«Wachsen euern Seeigeln und Seegurken etwa auch Locken», fragte Waldemar.

Das Mädchen lachte. «Nein, die haben sich Schwänze wachsen lassen. Aber das ist unpraktisch und für sie auch ziemlich gefährlich, denn sie bleiben damit immerzu am Zaun hängen, und wir müssen sie befreien.»

Waldemar verabschiedete sich. Ich muß unbedingt mit Kommissar Patty sprechen, dachte er. Wir müssen beraten, was wir unternehmen können. Es wäre auch wichtig, zu wissen, was nun wirklich passiert, wenn ein Mensch diese behaarten Meerestiere ißt. Vielleicht hat es inzwischen schon jemand probiert.

Da sein Sprechfunkgerät nicht funktionierte, beschloß er, am Ufer ein Telefon zu suchen.

Er wandte sich dem Pfahl zu, an dem er seinen Scooter festgebunden hatte, und erstarrte. Der Scooter war fort. An seiner Stelle schwamm ein prall aufgeblasener Gummischwan.

Ich bin ein Trottel, dachte Waldemar wütend. Ich hätte mir denken müssen, daß mich der Verbrecher beobachtet und meine Untersuchungen behindern will.

Fluchend schwamm er zum Ufer. Er setzte sich auf eine Klippe und versuchte noch einmal, über das Sprechfunkgerät Kommissar Patty zu erreichen. «Mäh!» blökte es aus dem Lautsprecher.

Waldemar schaltete rasch aus und sah sich um. Es nieselte, und am Strand war kein Mensch zu sehen. In der Nähe gab es weder ein Haus noch eine Straße. Nur ein kleines Tauchboot parkte hinter einem Felsbrocken. Der junge Mann, dem dieses Boot gehörte, pflückte gerade einen Strauß blauer Strandastern.

Waldemar ging zu ihm und fragte: «Können Sie mich in den nächsten Ort bringen? Ich muß dringend telefonieren.»

«Ich nehme Sie zum schwimmenden Restaurant mit», schlug der junge Mann vor. «Dort gibt es ein Telefon. Wir können gleich losfahren. Ich hole meine Frau aus dem Restaurant ab. Wir wollen das Wochenende auf dem Unterwasserzeltplatz verbringen. Sie hat Geburtstag, darum habe ich den Strauß für sie gepflückt.»

Sie stiegen in das Tauchboot und fuhren los. Erst jetzt spürte Waldemar, wie hungrig und müde er war. Ich werde kräftig essen und einen heißen Tee trinken, beschloß er.

Sie fuhren wenige Meter unter der Wasseroberfläche, vorbei an den Schildern, die den Weg zum Restaurant wiesen.

Plötzlich bog das Boot scharf nach links ab und raste mit unverminderter Geschwindigkeit auf das Ufer zu.

«Anhalten!» schrie Waldemar.

«Ich kann nicht halten», rief der junge Mann entsetzt.

«Schnell, lenken Sie doch nach rechts, zurück ins offene Meer!»

«Die Lenkung geht auch nicht mehr!»

«Dann müssen wir rausspringen.»

In diesem Augenblick verlangsamte sich die Fahrt des Bootes. Um sie herum wurde es dunkel. An den Wänden raschelte es. Dann standen sie still.

«Ich fürchte, wir stecken in einem Tangfeld», sagte Waldemar und versuchte vergeblich, draußen etwas zu erkennen.

Der Verbrecher gibt nicht auf, dachte er. Er weiß, daß wir hier aus eigener Kraft nicht wieder herauskommen.

«Wir müssen uns abschleppen lassen», sagte er zu dem vor Schreck erstarrten jungen Mann. «Ich hole Hilfe.»

Er stieg aus und kämpfte sich durch das Tangdickicht nach oben an die Wasseroberfläche. Wenige Meter entfernt arbeitete eine Tangvollerntemaschine. Lange, mit Haken besetzte Bänder rissen den Seetang vom Meeresgrund ab und beförderten ihn auf die Tangpresse. Die ausgepreßte Masse wurde auf ein bereitliegendes Transportschiff geschleudert.

Waldemar winkte.

Der Fahrer stoppte sofort. «Können Sie nicht lesen?» schrie er. Was Sie tun, ist lebensgefährlich. Haben Sie die Verbotsschilder nicht gesehen?»

Waldemar schwamm hinüber, kletterte auf die Maschine und zeigte seine Polizeimarke. «Unser Tauchboot hatte eine Panne»,

erklärte er ihm. «Wir konnten weder bremsen noch lenken. Können Sie uns abschleppen?»

Der Fahrer nickte. Er warf den Motor wieder an. Waldemar zeigte ihm die Stelle, an der das Tauchboot steckte. Mit einiger Mühe befestigte er das Abschleppseil und setzte sich wieder neben den Fahrer, während der junge Mann im Boot blieb.

«Sind Sie mit der Tangernte zufrieden?» erkundigte er sich, während sie langsam das Tauchboot aus dem Gestrüpp zogen.

«Unsere Tange sind von der allerbesten Güte. Die Restaurants bestellen in diesem Jahr mehr Seekohl als je zuvor. Wir beliefern sie jeden Tag mit frischer Ware.»

«Haben Sie in den letzten Tagen Wachstumsstörungen an Ihren Pflanzen bemerkt, Wucherungen oder verkrüppelte Triebe?»

Der Fahrer lachte. «Sie denken wohl, daß den Tangen so wie den Meerestieren Bärte oder Locken wachsen. Beruhigen Sie sich, unsere Pflanzen sind völlig in Ordnung. Wir haben alle Sorten, die wir anbauen, sofort untersucht.»

Sie hatten das Meer erreicht. Durch Zeichen gab der junge Mann zu verstehen, daß das Boot plötzlich wieder in Ordnung war. Waldemar bedankte sich bei dem Fahrer und stieg in das Tauchboot zurück.

Nach kurzer Zeit erreichten sie das schwimmende Restaurant «Zum Seestern». Waldemar verabschiedete sich und betrat den Speisesaal.

Er wählte einen Platz, von dem aus man das sonnenüberflutete felsige Ufer sah. Dann studierte er die Speisekarte. In diesem Restaurant wurden nur Fischgerichte, Speisen aus anderen Meerestieren und verschiedene Spezialitäten aus Tang angeboten.

Waldemar winkte dem Kellner. «Bringen Sie mir bitte Seegurken in Meerrettichsoße und ein Kännchen Tee.»

«Bedaure, mein Herr», sagte der Kellner. «Wir können Ihnen zur Zeit nur gedünsteten Seekohl mit brauner Butter servieren.»

«Gibt es keinen Fisch, keine Muscheln oder Seeigel?»

Der Kellner trat verlegen von einem Fuß auf den anderen. «Es ist uns verboten, Speisen aus Meerestieren anzubieten.»

Er beugte sich herunter und flüsterte Waldemar ins Ohr: «Es ist etwas Furchtbares geschehen, mein Herr. Aber ich darf nicht darüber sprechen.»

Waldemar zeigte seine Polizeimarke. «Was ist los? Nun reden Sie schon!»

«Kommen Sie mit.» Der Kellner führte Waldemar in die Wirtschaftsräume und schloß die Besenkammer auf.

Der Detektiv trat ein und erstarrte vor Schreck.

Auf einer Kartoffelkiste kauerte ein Mann. Er war von Kopf bis Fuß mit dichtem braunem Pelz bedeckt, wie ein Bär. An seiner Mütze erkannte Patty, daß er der Koch sein mußte. Neben ihm hockte ein verheulter junger Bursche. Von seinem Rücken hing ein giftgrüner Pferdeschwanz bis auf die Erde.

«Wir mußten die beiden Kollegen hier verstecken, damit unter den Gästen keine Panik ausbricht», erklärte der Kellner leise.

«Wie ist das passiert?»

«Unser Koch und sein Sohn, der bei uns Lehrling ist, kamen heute früh von einem Mondausflug heim. Auf dem Mond wußte man noch nichts von dem, was mit unseren Meerestieren geschehen ist. Und hier war noch niemand, der sie hätte warnen können. Die beiden hatten Hunger. Der Koch hat sich eine Schüssel Muschelsalat zubereitet, und sein Sohn hat einen mit Seegurken gefüllten Pfannkuchen gegessen.»

Waldemar schwieg bestürzt.

Also überträgt sich dieser Haarwuchs auf Menschen, die Meerestiere essen. Das ist der Fluch, den der Verbrecher in seinen Briefen gedroht hat, dachte er.

Er gab den beiden Unglücklichen die Hand. «Verliert nicht den Mut», sagte er tröstend.

Dann nahm er wieder im Restaurant Platz und aß gedünsteten Seekohl mit brauner Butter.

Wie können wir dem Koch und seinem Sohn nur helfen, überlegte er. So, wie sie jetzt aussehen, werden die beiden es kaum wagen, unter Menschen zu gehen. Warum hat sie nur niemand vor dem Genuß der Meerestiere warnen können?

Er stutzte, schob den erst halb geleerten Teller von sich und verließ eilig das Restaurant.

Er rief ein Lufttaxi und befahl: «Bringen Sie mich rasch zur Regenbogenforellenfarm.»

Am Strand zog er seine Taucherausrüstung an und schwamm zu dem Wrack des Klabautermannes. Die Luke auf dem Oberdeck war noch immer fest verschlossen. Waldemar zwängte sich wieder durch das Loch in der Schiffswand und klopfte an die Einstiegsluke zur Küche.

Franziskus öffnete und fragte mürrisch: «Was willst du schon wieder hier?»

Waldemar ließ sich in einem Sessel nieder und betrachtete nachdenklich den Teller, auf dem frisch gebratene Seegurken lagen.

«Wie geht es dir, bist du eigentlich gesund?» erkundigte er sich bei dem kleinen Kobold.

«Mir geht es sehr schlecht», stöhnte der Klabautermann und ächzte. «Ich stecke mich immer wieder bei den Besuchern an. Zuerst hatte ich Schnupfen, dann Husten, jetzt Halsschmerzen.»

«Das tut mir leid», sagte Waldemar. «Ich dachte, Klabautermänner können sich bei Menschen nicht anstecken.»

»Du hast ja keine Ahnung», sagte Franziskus gereizt. «Klabautermänner bekommen dieselben Krankheiten wie Menschen, Windpocken, Masern, Scharlach, sogar Hexenschuß.»

«Dann finde ich es merkwürdig, daß dir die Muscheln, die du heute früh gegessen hast, so gut bekommen sind. Menschen, die Muscheln oder Seegurken essen, bekommen nämlich genau so einen Haarwuchs, wie er bei den Meerestieren auftritt. Ihnen wächst ein Pelz oder ein meterlanger Schwanz.»

Franziskus errötete und murmelte: «Das liegt daran, daß ich seit einer Woche jeden Morgen Wasserlinsentee trinke. Wasserlinsentee ist sehr gesund.»

«Das ist nicht wahr. Du hast gezaubert. Ich weiß, daß du das alte Zauberbuch deiner Großmutter besitzt. Du hast in mein Funkgerät hineingekräht, meinen Scooter gestohlen und uns in den Tangacker geschoben. Warum hast du das getan?»

Franziskus schlug die Augen nieder. «Weil ich meine Ruhe haben will. Ich hasse es, wenn dauernd Besucher anklopfen oder durch das Bullauge hereinstarren und mich beobachten. Ich will, daß die

Fischfarm und alle Farmen für Meerestiere verschwinden. Dann wird mich niemand mehr belästigen.»

«Damit rufst du eine Hungersnot hervor.»

«Ach was», Fanziskus winkte ab. «Euch fällt schon etwas anderes ein. Baut doch auf dem Mars Kartoffeln an oder züchtet Mondkälber. Aber verschwindet aus dem Meer.»

Waldemar dachte nach. Dann sagte er: «Ich schlage dir etwas anderes vor. Wir bringen dein Wrack in eine schöne ruhige Gegend. Würde dir ein südliches Meer gefallen? Das Wasser ist wärmer. Du kannst in Korallenriffen spazierengehen. Es gibt viele farbprächtige Fische. Du wirst Korallen in allen Farben und in merkwürdigsten Formen entdecken. Und niemand stört dich.»

«Ich habe gehört, daß es dort sehr schön sein soll», sagte Franziskus. «Trotzdem möchte ich lieber hierbleiben.»

«Weißt du, wir können dafür sorgen, daß die vorbeikommenden Besucher nicht mehr bei dir anklopfen und um Autogramme und Fotos bitten. Wir können auch verhindern, daß sie Teile von deinem Wrack fortschleppen. Aber ich glaube, die Besucher werden weiter durch das Bullauge zu dir hineinschauen. Sie sind sehr neugierig. Jetzt, wo sie von dir wissen, will jeder unbedingt einmal einen lebenden Klabautermann gesehen haben. Die Musterfarm muß aber bestehenbleiben, damit alle anderen dort etwas lernen können. Auf dem Mars wachsen Kartoffeln nicht, und wir können auch keine Mondkälber züchten. Wir brauchen unbedingt Nahrung aus dem Meer. Laß uns doch eine Lösung finden, welche dir und den Menschen gerecht wird.»

Der Klabautermann seufzte. «Also gut», sagte er. «Bringt mein Wrack in ein südliches Meer. Aber paßt auf, daß es beim Transport nicht beschädigt wird.»

«Zuerst mußt du aber die Meerestiere von ihrem Haarwuchs befreien.»

Franziskus kroch unter den Küchenschrank, holte ein altes vergilbtes Buch hervor, murmelte einen Spruch und sagte: «Schon erledigt.»

Waldemar tauchte auf und berichtete über Sprechfunk Kommissar Patty, was geschehen war. Beim Abschied versprach Franziskus,

daß er nach dem Umzug zur Einweihungsfeier ein Festmahl für alle Klabautermänner geben und Waldemar dazu einladen wird.

Waldemar bestellte sich für diesen Tag sein Lieblingsgericht: Fleischsuppe mit Kammuscheln und als Nachspeise einen Vitaminsalat aus Seekohl.

ISBN 3-7302-0186-7

1. Auflage
Lizenznummer: 308/13/89
LSV 7852
Printed in the German Democratic Republic
Gesamtherstellung: Grafischer Großbetrieb Sachsendruck Plauen
Bestellnummer: 683 621 7
Lektor: Irene Kahlau
Einband: Christine Petzak, Erdmut Oelschlaeger
Gestaltung: Christine Petzak
Für Leser von 8 Jahren an
00750

Spei

Restauran

Schollen na
Bunte Heilbut
Andalusis
Spanisch
Russisch
Gefüllte
Räuch

Salat aus
Gemüsesupp
Kammuscheln in
Kohlroulade, mi
Gedämpfte Kan

Seegurken in S
Seegurken, geschr
Gemüsesa
Omelett mit Seeg
Pfannkuchen,

Vitamins

Gedünsteter Ti
Kartoffelauf
Tintenfis